ÉTUDE

SUR

LE PROJET DE LOI

RELATIF A LA CRÉATION

1° D'UNE CAISSE D'ASSURANCES EN CAS DE DÉCÈS

2° D'UNE CAISSE D'ASSURANCES

En cas d'accidents résultant de travaux agricoles et industriels

PAR

EUGÈNE POUGET

AVOCAT A LA COUR IMPÉRIALE DE PARIS

> « Il me paraît juste de fonder une caisse subven-
> » tionnée par le gouvernement, et qui aurait pour
> » fonctions de venir en aide :
> » 1° Aux ouvriers des villes et des campagnes qui,
> » après s'être assurés, auraient été atteints de bles-
> » sures entraînant incapacité continue de travail;
> » 2° Aux veuves de ceux qui, placés dans les mêmes
> » conditions, auraient perdu la vie. »
> (Lettre de l'Empereur à M. le Ministre d'État,
> du 28 juillet 1866.)

SAINT-GERMAIN

DE L IMPRIMERIE L. TOINON ET Cⁱᵉ

1867

ÉTUDE

SUR

LE PROJET DE LOI

RELATIF A LA CRÉATION

1° D'une Caisse d'assurances en cas de décès

2° D'une Caisse d'assurances

en cas d'accidents résultant de travaux agricoles et industriels

IMPRIMERIE L. TOINON ET C⁰, A SAINT-GERMAIN.

ÉTUDE

SUR

LE PROJET DE LOI

RELATIF A LA CRÉATION

1° D'UNE CAISSE D'ASSURANCES EN CAS DE DÉCÈS

2° D'UNE CAISSE D'ASSURANCES

En cas d'accidents résultant de travaux agricoles et industriels

PAR

EUGÈNE POUGET

AVOCAT A LA COUR IMPÉRIALE DE PARIS

> « Il me paraît juste de fonder une caisse subven-
> tionnée par le gouvernement, et qui aurait pour
> fonctions de venir en aide :
> » 1° Aux ouvriers des villes et des campagnes qui,
> après s'être assurés, auraient été atteints de bles-
> sures entraînant incapacité continue de travail;
> » 2° Aux veuves de ceux qui, placés dans les mêmes
> conditions, auraient perdu la vie. »
> (Lettre de l'Empereur à M. le Ministre d'État,
> du 28 juillet 1866.)

SAINT-GERMAIN

DE L'IMPRIMERIE L. TOINON ET C°

—

1867

PRÉFACE

La plupart des études sur les lois de notre époque ne se produisent qu'après la promulgation de ces lois devenues exécutoires.

Ces commentaires sont, sans nul doute, d'une grande utilité. Ils saisissent la loi dès son début, la suivent dans ses développements, retracent les phases diverses que certaines dispositions ont subies, reproduisent les discussions du Corps Législatif, les observations du Sénat, et fixent d'une manière certaine l'esprit des innovations les plus importantes.

Dans ces commentaires précieux, la critique a nécessairement sa part, regrettant certaines dispositions écartées ou quelques améliorations non aperçues. Presque toujours, le commentateur fait sur quelques points le procès à la loi, l'affaiblit, l'énerve, et, dans sa légitime ambition, tend à faire prévaloir quelques idées non écloses ou non admises par le législateur.

L'étude à laquelle nous nous livrons procède différemment. Le projet de loi sur certaines assurances est présenté au Corps législatif. La commission est nommée : elle s'est constituée, et chacun de ses membres, dans l'intervalle des sessions, va se livrer à l'examen consciencieux du projet dont l'examen préalable se fera dans le sein de la commission.

Nons avons pensé que, tout en approuvant en principe l'idée

généreuse et philanthropique de la loi, certaines modifications pourraient trouver place dans le projet définitif, qui résultera du travail de la commission d'accord avec le Conseil d'État. Ces modifications, nous avons pris la liberté de les signaler dans notre travail. Des circonstances de palais nous ont permis d'étudier les assurances en général, et spécialement les assurances sur les accidents qui frappent les ouvriers au milieu de leurs travaux. Chargé de plaider plusieurs procès en matières d'assurances de cette nature, nous avons pu acquérir quelques notions, presque quelque expérience, et c'est avec empressement que nous offrons à qui de droit le premier tribut de notre travail.

Le projet nous paraît répondre à un besoin incontestable. C'est le couronnement des institutions de bienfaisance, créées à Vincennes et au Vésinet.

Enfin, le projet de loi nous paraît devoir éveiller les sympathies de tous les esprits qui s'intéressent à l'amélioration et au bonheur de la classe ouvrière. Ce sentiment nous a dirigé dans l'étude que nous prenons la liberté de soumettre très-respectueusement au public. Nous serions heureux si notre modeste travail pouvait servir en quelque chose.

Nous espérons que notre exemple devra être suivi, et donner matière à des études sérieuses sur des lois en projet.

Nous désirons que quelques-unes de nos idées soient goûtées. Nous les avons présentées sommairement, sous forme de simples propositions et sans développements. Nos idées sans nul doute se ressentiront de la jeunesse de notre plume, ce qui nous garantit quelque bienveillance de la part du lecteur, seule récompense que nous ambitionnons, en dehors du sentiment sympathique qui nous anime pour la classe ouvrière.

EUGÈNE POUGET.

INTRODUCTION

§ 1er.

Les procédés de prévoyance sont peu répandus en France. On semble y vivre au jour le jour, sans se préoccuper du lendemain. Cette insouciance de l'avenir tient à des causes diverses, notamment à la mobilité de nos lois, de nos institutions, aux instabilités de la paix publique, et aux variations dans le cours des valeurs mobilières et des fortunes privées. L'épargne, dans notre pays si féconde, s'attache de préférence aux immeubles ruraux, et trop souvent aux titres à gros intérêts, avec tirages au sort, à primes, aux obligations dont le revenu est plus ou moins garanti par l'État.

Si une assurance intervient, la plupart du temps, la police ne prévoit que les assurances sur la vie, c'est-à-dire les avantages que l'association à une caisse ou une tontine peut produire après un laps de temps, au profit de l'assuré lui-même.

Il appartenait au gouvernement de diriger les esprits vers d'autres combinaisons et de développer un mode de placement moral assuré et avantageux.

D'un autre côté, aucun pays plus que la France ne cultive mieux la vie intérieure, et surtout les affections de famille. Les liens qui unissent les divers degrés des générations sont resserrés. Même dans les familles nombreuses, on voit peu d'émigrants se détacher de la maison paternelle pour aller courir au delà des mers, après une ingrate position, ou une fortune trop souvent incertaine. Eh bien ! malgré ces qualités du cœur, la généralité des personnes ne s'affecte pas assez de ce que deviendront la femme, les enfants, les vieux parents, les héritiers en un mot. Aucune précaution n'est prise dans l'intérêt de ceux qui survivent, et sont les plus malheureux. Comme en Angleterre, la bienfaisance de l'État devait favoriser tout projet s'étendant au delà de la mort, et assurant à la famille de précieuses ressources.

On ne saurait donc trop applaudir à la pensée du projet de fonder une caisse d'assurances en cas de mort, pour faire recueillir les fruits de l'assurance à la veuve, aux enfants, aux ayants droit.

Cette création, accessible seulement à la classe ouvrière, ne doit exciter aucune envie de la part de l'industrie privée, c'est-à-dire des compagnies d'assurances non désireuses des minimes contrats, donnant peu ou point de profits. Cependant le projet de loi, on ne saurait se le dissimuler, est un premier empiétement. C'est un germe qui pourrait se développer et envahir la matière absolue des assurances. En l'état, on doit bien s'attacher à établir que cette caisse d'assurances en cas de mort, n'est pas fondée pour tous les citoyens riches ou pauvres, oisifs ou travailleurs. D'après l'esprit primitif du projet, elle ne doit être autorisée que pour les ouvriers agricoles et industriels, de manière à n'admettre dans son sein que des travailleurs qui, à notre avis, devraient trouver dans la nouvelle institution les éléments des assurances de toute nature.

§ 2.

L'industrie de nos jours a fait d'immenses progrès.

L'agriculture a également introduit de puissantes innovations dans ses travaux.

I. — Forcée de lutter contre d'habiles voisins, livrée à ses propres forces, l'industrie française a dû faire des efforts surhumains pour rivaliser sur les places à l'étranger et lutter sur notre marché avec la concurrence étrangère.

Il a fallu fabriquer vite, mieux et à meilleur marché.

Le génie industriel a dû mettre tout en œuvre avec le secours des capitaux pour obtenir de tels résultats : l'eau et le feu mis à contribution ; des machines qui par la rapidité et la netteté de leur travail suppléent à l'insuffisance et à l'inexpérience des ouvriers. D'abord incomplètes, ces machines se sont améliorées avec le temps, et sont parvenues à un haut degré de perfection. Depuis le commencement de ce siècle, l'usage de la vapeur a causé une véritable révolution. De nouvelles manufactures se sont élevées; de récentes inventions ont été produites, et l'esprit humain dirigé vers les arts industriels leur a donné un nouvel essor. Dans cette lutte entre les différents peuples, chaque nation a apporté son contingent. Et la France a conservé le rang qu'elle avait su conquérir.

L'Exposition universelle de 1867 démontre clairement les perfectionnements auxquels est parvenue l'industrie. On construit actuellement des machines sous toutes les formes et de tous les genres. Ces machines, mues par des torrents ou des brasiers ardents, avec roues immenses, à engrenages rapides comme la pensée, font produire à la matière les plus industrieux travaux. Pour elles aucun travail n'est difficile, fatigant, impossible, et à la vue de ces merveilleux engins on peut soutenir que la matière est plus industrieuse que la main de l'homme.

Mais si l'on peut se féliciter des succès remportés, il est un point de vue que l'on semble trop oublier : l'intérêt de la classe ouvrière. Que de malheurs, que d'accidents causés par les inventions récentes ! Au milieu des tourbillons, des mugissements des machines, circule une nuée d'ouvriers inattentifs, femmes, enfants, vieillards, travaillant à côté de la mort, avec insouciance, courage et dévouement. Quels effets formidables ! Le gaz fait explosion, les roues se brisent, les chaudières volent en éclats, la vapeur s'échappe en jets mortels, la mine éclate, le feu grisou s'enflamme. Les dangers de la guerre ne sont rien à côté des dangers de l'industrie.

Ces dangers ne sont pas seulement visibles; ils sont dans l'air. Ils s'infiltrent par la respiration et tuent, tantôt rapidement comme la foudre, et par asphyxie, tantôt lentement comme le poison. La chimie, en effet, est venue au secours de l'industrie; atmosphères à haute pression, ateliers brûlants ou glacés; tout a été mis en mouvement, pour produire la force, la couleur, l'éclat et la solidité.

Le mouvement est donné; on ne s'arrêtera plus. Aucun frein humain ne peut calmer l'essor de la fabrique. Sous peine de périr, elle doit toujours améliorer, perfectionner, produire à bas prix, quel que soit le procédé dangereux et mortel : il faut produire.

Ce mouvement frénétique s'attache à tous les travaux de notre époque. On construit, à vue d'œil, des maisons, des palais; avec l'aide de la vapeur, on enlève des masses immenses comme des jouets d'enfants, et les hommes semblent des grains de sable en face de ces masses mouvantes.

On démolit avec la même rapidité que l'éclair. Animés d'une ardeur inouïe, les ouvriers glissent sur les murs démantelés, au milieu de la fumée, de la poussière et de la nuit, travaillant le jour à l'éclat voilé du soleil, la nuit à la lueur incertaine des torches, à la flamme agitée des lampes fixes ou mobiles.

Spectacle grandiose créé pour la gloire et la prospérité d'une nation, au détriment des générations laborieuses, qui sacrifient leur santé, leur jeunesse, leur vie, pour vivifier et desservir l'industrie !

II. — L'agriculture ne demeure pas en arrière de ces effrayantes merveilles.

Les déboisements se poursuivent avec une regrettable profusion, et puis viennent les défrichements ouvrant la terre à la culture, mais aussi aux émanations intérieures qui engendrent la maladie et la mort.

Les travaux agricoles se font à toute époque, par tous les temps, par le froid, la pluie, la neige. Rien n'arrête l'ouvrier, toujours exposé à l'intempérie des saisons, ou aux infirmités que ces intempéries amènent.

Ces travaux s'exécutent avec l'aide d'animaux vifs et vigoureux, souvent indisciplinés et dont le commerce est dangereux.

La vapeur est venue, à son tour, prêter ses forces aux efforts de la culture, et créer ainsi une chance nouvelle d'accidents et de mortalité.

Quelle indifférence pour la vie chez l'ouvrier de la campagne, ou plutôt quel complet abattement des forces par le travail ! Levé au point du jour, l'ouvrier agricole ne prend que de modestes repas, et puis s'étend à l'ombre et s'endort dans un fossé, sans précaution du froid et des reptiles qui menacent ses jours.

De même, pendant les travaux de la fenaison, de la moisson, de la vendange, l'ouvrier marche dans les ronces et les broussailles, exposé aux ardeurs du soleil, sans se préoccuper des dangers qu'il court.

Pour rétablir ses forces épuisées, il ne peut se donner qu'une nourriture insuffisante, insalubre, et un repos trop court sur un lit de paille.

Si la maladie arrive, combien les secours de la science sont tardifs, incomplets et inintelligents! Dans la santé comme dans la maladie, les effets du travail sont périlleux pour les ouvriers des campagnes.

§ 3.

Au milieu de ces efforts industriels ou agricoles, les accidents de toute nature atteignent l'ouvrier : les incapacités temporaires, les incapacités permanentes, la mort.

Quels effets déplorables chacune de ces situations amène !

Pendant la maladie, que devient la femme de l'ouvrier? que deviennent les enfants, les grands parents, avec toute cette escorte de nécessités, le loyer, les contributions, les vêtements, le linge, les chaussures, et par-dessus tout la nourriture ; nécessités que le salaire de l'ouvrier surmonte, mais qui accablent la famille quand le salaire manque.

Après la maladie causée par l'accident, les infirmités temporaires peuvent se produire.

Souvent l'ouvrier sort de l'hospice, à peine rétabli. Il a hâte de rentrer à son foyer, d'y voir en toute liberté sa femme et ses parents. Les soins médicaux sont arrivés à leur terme, mais la malade a ses forces épuisées. Le temps seul peut lui rendre son énergie primitive. Ses jambes sont affaiblies ; ses bras exténués, son estomac délabré. Qui fournira à cet être à demi vivant les moyens de recouvrer les forces et la vie ?

Qu'il est regrettable que le projet de loi ne s'occupe ni du temps de la maladie, ni de ce temps intérimaire entre la guérison et la santé !

Trop souvent les accidents entraînent la mort de l'ouvrier, et presque toujours les conséquences de cette mort frappent plusieurs personnes.

Dans l'organisation générale des ménages d'ouvriers, le mari travaille et rapporte le produit de son labeur. La femme, mère d'un assez grand nombre d'enfants, a fort à faire de les vêtir, de les blanchir et de les élever. C'est elle qui doit soigner l'intérieur de la maison et qui doit préparer les aliments. La femme ne gagne rien en argent. Elle gagne en soins, en affections, et c'est ainsi qu'elle remplit sa tâche.

Si le mari meurt, les ressources sont taries. La misère envahit la maison, et là où régnaient la joie et un bien-être relatif, la ruine et le désespoir dispersent cette pauvre famille. Comment éviter ces calamités ?

Ici encore, le projet de loi est incomplet.

Le gouvernement s'est ému, à la vue de tant de souffrances, pendant la vie et après la mort de la victime.

Le gouvernement, il faut l'en féliciter, a conçu un projet éminemment bienfaisant. Mais ce projet ne nous semble pas guérir complétement le mal. C'est un simple adoucissement à beaucoup de souffrances. Le palliatif est insuffisant, et toutes les recherches doivent s'appliquer à *étendre* l'idée généreuse de la loi.

Permettre à l'ouvrier de s'assurer du pain pour ses vieux

jours, faciliter à l'ouvrier des ressources, en cas de mort, pour les êtres aimés qui lui survivent; en cas d'accident, secourir l'ouvrier blessé pendant sa maladie et pendant la durée de son incapacité; aider, pendant la maladie et l'incapacité temporaire, la famille entière; adoucir les effets de la mort, et remplacer, pendant un temps moral et dans des conditions suffisantes, le chef de la famille qui a disparu.

C'est là le problème que le projet de loi a mission d'étudier, et que la loi doit résoudre.

ÉTUDE

SUR

LE PROJET DE LOI

RELATIF A LA CRÉATION

1° D'UNE CAISSE D'ASSURANCES EN CAS DE DÉCÈS

2° D'UNE CAISSE D'ASSURANCES

En cas d'accidents résultant de travaux agricoles et industriels.

Historique du projet de loi.

Le germe du projet de loi se trouve dans le décret du 8 mars 1855, qui a fondé les asiles de Vincennes et du Vésinet ; établissements destinés aux ouvriers convalescents, ou mutilés dans le cours de leurs travaux.

Ces fondations, qui ont permis de recueillir à Vincennes et au Vésinet toute une population ouvrière, sont néanmoins insuffisantes. Les ressources affectées à ces établissements ont des limites, et, quelle que soit d'ailleurs l'étendue de la charité qui les a dotées, ou a voulu les enrichir, il est certain que les ouvriers convalescents ont pu seuls, et dans une mesure restreinte, être admis jusqu'à ce jour dans ces asiles ouverts aux infortunés de l'industrie.

Le décret du 8 mars 1855 n'avait donc reçu qu'une incomplète exécution, lorsque la lettre du 22 juillet 1866, adressée par l'empereur à M. le Ministre d'État, est venu développer la pensée bienfaisante de venir en aide aux ouvriers mutilés.

2

La lettre de l'empereur est précise : « Il me paraît juste de
» réaliser, à l'égard des ouvriers mutilés, les promesses du
» décret de 1855. »

Ce n'est pas tout : la même lettre indique que pour la réalisation de ce projet on devrait faire appel à d'autres ressources que celles affectées aux asiles de Vincennes et du Vésinet.

Ces ressources sont même indiquées par la lettre impériale :

1° Provoquer le concours des intéressés eux-mêmes, qu'il
ne convient pas de décharger du soin de toute prévoyance.

2° Prélever 1 p. 100 sur les travaux publics exécutés par
l'État, les départements et les communes.

La lettre de l'empereur détermine quel serait le but de la
loi : « Venir en aide : 1° aux ouvriers des villes et des cam-
» pagnes qui, après s'être assurés, auraient été atteints, dans
» leurs travaux, de blessures entraînant une incapacité con-
» tinue ; 2° aux veuves de ceux qui auraient perdu la vie dans
» ces mêmes conditions. »

Enfin, la lettre du 22 juillet 1866 détermine quel devra
être le caractère de cette nouvelle institution : « Ce sera une
» caisse subventionnée par le gouvernement. »

M. le Ministre de l'Agriculture et du Commerce, sur les
indications précises de la lettre du 22 juillet, a présenté au
Conseil d'État un projet de loi, qui a donné lieu à de sérieux
travaux. Il suffit, pour se convaincre du soin extrême apporté
à la rédaction définitive du projet, d'observer les changements successifs de rédaction que certains articles ont subis.
Trois rédactions sur des points importants ont eu lieu, et le
rapport très-substantiel de M. Vernier, Conseiller d'État, rap-

porteur, témoigne de l'attention consciencieuse du Conseil d'État, comme de la sollicitude du Gouvernement pour le projet de loi qui nous occupe.

La loi a été présentée au Corps législatif le 17 juillet 1867.

MM. Vernier, Gaudin, de Boureuille et Guillemot, c'est-à-dire des esprits spéciaux, sont chargés d'en soutenir la discussion.

Le Corps législatif a nommé la commission qui doit procéder à l'examen préalable de la loi ; ce sont :

MM. CHENESLONG ;   MM. CHAGOT,
DE SAINT-GERMAIN ;   BARBET ;
Baron DE REINACH ;   GROS;
PAULMIER ;   Baron DE BEAUVERGER.

Ainsi dans cette commission se trouvent groupés des hommes versés dans l'étude du droit, appartenant à de puissants établissements industriels, et tous animés de sentiments bienveillants pour la classe ouvrière.

Aperçu général du projet de loi.

Le projet a pour but la création de deux Caisses d'assurances distinctes :

§ 1ᵉʳ.

Première Caisse d'assurances ayant pour objet de payer, au décès de chaque assuré, une indemnité à sa veuve, ses héritiers ou ayants droit.

Au premier examen, nous avions pensé que l'institution était uniquement destinée à la classe ouvrière, et nous comprenions dès lors que cette fondation se trouvât annexée à la création d'une caisse contre les accidents résultant de travaux agricoles et industriels. Notre opinion se trouvait d'ailleurs conforme au·projet primitif, qui ne créait qu'une *seule* caisse destinée à la fois à payer une indemnité au décès de chaque assuré, et à servir soit une rente viagère, soit une indemnité aux veuves et aux enfants de l'ouvrier atteint d'un accident dans l'exercice de ses travaux.

Les changements introduits dans la rédaction du projet, les termes généraux de ce projet et la création de deux caisses pour chaque nature d'assurances, ne peuvent laisser d'incertitude. Comme le dit l'honorable rapporteur du Conseil d'État : « Dans la caisse d'assurances en cas de décès, *toute personne* » peut s'assurer. »

La loi maintiendra-t-elle ce système d'une assurance générale en cas de décès pour toutes les situations modestes ? Le législateur ne voudra-t-il pas limiter le but de cette assurance ? Le projet placé sous l'égide de la lettre impériale du 28 juillet 1866, qui ne se préoccupait que du bien-être des ouvriers et de leur famille, ne déroge-t-il pas à la pensée primitive ? Ne serait-il pas plus conforme à l'esprit du projet de revenir à la création d'une *seule* caisse, destinée exclusivement à la classe ouvrière ; caisse fondée par une seule cotisation des assurés et alimentée par la subvention de l'État ; caisse de prévoyance pour le temps de sénilité ; caisse garantissant à la veuve et aux enfants, en cas de mort du chef de la famille, une indemnité déterminée d'avance ; caisse garantissant aussi, en cas d'accident, des secours pour les incapacités temporaires ; et une rente viagère pour les incapacités permanentes et définitives ; caisse stipulant enfin en faveur de la veuve et des enfants mineurs une indemnité pour les *accidents entraînant la mort ?*

Nous croyons que le projet ainsi réglementé porterait mieux l'empreinte de son origine souveraine et permettrait de faire aux ouvriers des conditions plus larges, tout en introduisant dans les conditions en cas de sinistres des idées fixes et des chiffres positifs et prévus, au lieu de calculs problématiques et de combinaisons mathématiques, qui, selon nous, ont été le plus grand obstacle au développement des assurances sur la vie. D'un autre côté, la création d'une caisse d'assurances en cas de décès, facultative pour *tous* les citoyens, constituerait une véritable concurrence à l'industrie spéciale des assurances sur la vie. Cette nature d'opérations est consciencieusement suivie par des compagnies de premier ordre offrant les plus sérieuses garanties. Et nous ne nous expliquons pas trop pourquoi la loi vient créer une sorte de rivalité avec ces compagnies, et dans une certaine mesure porter atteinte à leur spéculation. Autant nous comprendrions un système général qui ferait rentrer dans le giron des finances publiques les assurances de toute nature, sans exception, moyennant une indemnité préalable aux sociétés dépossédées, autant nous goûtons peu une caisse en cas de décès, à la portée de tous les citoyens, et qui ne serait pas spéciale à la classe ouvrière.

L'assurance sur la vie et en cas de décès spéciale pour les ouvriers aurait d'immenses avantages pour le gouvernement comme moyen de tutélaire influence sur les ouvriers en les favorisant de conditions qui leur permettraient, pour un léger sacrifice annuel, de garantir à leur famille des ressources au moment de leur mort et quand le salaire n'existerait plus.

Le projet de loi pourrait donner lieu à une autre observation. Il ne s'occupe que des assurances en cas de décès. Pourquoi n'autorise-t-il pas, toujours au profit des ouvriers, les assurances *sur la vie* pour un capital restreint, ou bien pour une rente viagère qui mettrait l'assuré à l'abri de la misère? Sans nul doute, il faut encourager les assurances en cas de décès, qui témoignent de la sollicitude du père de famille pour les personnes qui lui sont chères et sont destinées à lui survivre. Mais n'est-il pas également moral de favoriser l'engagement qui assurerait à l'ouvrier, à une époque de la vie où ses forces s'affaiblissent et sont épuisées, où le besoin du repos est indispensable, un adoucissement à ses infirmités, un soutien pour ses vieux jours, un abri contre la misère? De telle sorte que la même caisse d'assurances, spéciale pour les ouvriers agricoles ou industriels, embrasserait tout un horizon d'avenir, ayant pour perspective le repos, le soulagement en cas d'accident, les garanties contre la misère et le bien-être de la famille après la mort.

La grande difficulté de notre système d'assurances sur la vie réside dans l'élévation de la prime à demander aux assurés. En prenant pour base du taux de la prime les tarifs les plus avantageux pour l'établissement d'une rente viagère de 300 francs à l'âge de cinquante-cinq ans, on ne pourrait obtenir un chiffre moindre de 80 francs par an, sans participation aux bénéfices, chiffre énorme pour la situation d'un ouvrier.

Hâtons-nous de déclarer que prenant en considération :

1° Que les ouvriers, âgés de trente ans au plus, seraient admis à l'assurance, c'est-à-dire par les plus grandes conditions de vitalité ;

2° Que le bénéfice de l'assurance ne pourrait être recueilli qu'à l'âge de cinquante-cinq ans, alors que, pour des personnes ayant eu la vie dure, les chances d'une longue existence sont limitées ;

3° Que c'est l'État qui assure, non pour recueillir les bénéfices, mais, au contraire, pour contribuer à l'exécution des charges ;

4° Que l'ensemble des assurances sur la vie, en cas de décès ou d'accidents, établit, entre les divers risques, une sorte de pondération et de contre-assurance ; on arrive, par des calculs rationnels, non-seulement à trouver le prix du tarif excessif, mais encore à réduire, de près des deux tiers, le chiffre de la prime fixée par les Compagnies, pour créer une rente viagère de 300 francs à l'âge de cinquante-cinq ans.

L'habile rapporteur du Conseil d'État préférait que les assurances sur la vie rentrassent dans les opérations de la Caisse de retraite, et qu'il ne fût rien innové à cet égard.

Il est vrai que la Commission supérieure de la Caisse des

retraites pour la vieillesse, tout en se montrant favorable au projet de loi, s'est prononcée en ce sens que l'assurance, en cas de décès, n'est qu'un complément de la Caisse des retraites. Nous comprendrons ce système de conquête de la Caisse des retraites très-désireuse d'appeler dans son sein le plus de capitaux possible. Mais nous trouvons encore que mieux vaudrait une caisse spéciale pour les ouvriers, enveloppant toute la série des assurances sur la vie, en cas de décès, en cas d'accidents, moyennant une prime annuelle fixe et avec des avantages en chiffres connus.

Cette agglomération de diverses natures d'assurances se secourant mutuellement, conjurant les unes par les autres les sinistres, toutes subventionnées par le même prélèvement sur les travaux publics, formerait un ensemble de forces qui seraient une garantie de succès, et permettrait, après un certain temps, de réduire sensiblement le taux et la prime annuelles.

Les observations qui précèdent indiquent déjà suffisamment que nous préférerions, pour les assurances en cas de décès, une prime fixe à payer annuellement par l'assuré, et de même une somme déterminée à payer au décès de l'assuré. Les éléments d'indemnité fixés par le projet de loi, en cas de décès, sont vagues et incertains ; ils se composeraient :

1° De l'intérêt de 4 p. 100 des versements effectués ;

2° Des chances de mortalité à raison de l'âge des déposants, d'après la table dite de Deparcieux.

Tous ces calculs seraient parfaits, comme nous l'avons déjà dit, de la part d'une exploitation particulière. Nous ne les trouvons pas en harmonie avec les devoirs et les plans d'une grande nation, qui doit être préoccupée du désir d'acquérir de grandes influences sur une classe très-intéressante de citoyens. Le calcul des intérêts ! la table de Deparcieux ! tout cela peut-il attirer les ouvriers à l'appel du gouvernement ? Pour des personnes plus compétentes, un calcul d'intérêts est chose difficile : la table de Deparcieux laisse beaucoup à désirer. Le temps, les mœurs, le bien-être, l'hygiène ont rendu cette œuvre insuffisante, ont vieilli ce travail qui n'est plus que l'un des documents de la question, et dont on veut faire cependant la règle absolue.

Nous comprenons très-bien que le projet ait limité à 3,000 francs la somme à assurer sur une tête. En cas de décès, ce chiffre, fixé en vue de la veuve et des enfants, est une ressource suffisante pour traverser les premiers temps du veuvage ou de la minorité. Cette somme, toutefois, ne doit pas, selon nous, se composer par des versements successifs et l'accumulation des intérêts après un long temps; elle doit être le résultat du service de la prime fixe convenue au moment du contrat.

Nous approuvons moins la condition qui permet de céder, à concurrence de 1,500 francs, la somme de 3,000 francs accordée en cas de décès. Cette condition, empruntée à certaines compagnies d'assurances particulières, qui y trouvent une sorte d'attrait et d'amorce pour les assurés, est de nature à atténuer sensiblement les effets bienfaisants de l'institution. L'assurance, en cas de décès, est faite surtout en vue de la famille à l'article de la mort. Mais si, pendant sa vie, l'assuré peut aliéner moitié d'un capital qui ne lui est pas destiné, s'il est permis à cet assuré, dans un moment d'exaltation, de colère ou de faiblesse, de revenir pour moitié sur une détermination généreuse, le but est manqué.

On pourrait même soutenir que l'article du projet qui rend

insaisissable la moitié de la somme assurée, en cas de décès,
est contraire aux principes de l'article 1981 du Code civil.
Tous les biens d'un débiteur sont le gage de ses créanciers.
Tel est le système général en matière d'obligations. . Et
cependant, par une voie détournée, une partie des biens du
débiteur est placée à l'abri de l'action de ses créanciers, de
telle sorte que l'assuré, qui s'est mis en mesure de laisser à
son décès 3,000 francs, pourra, pendant sa vie, céder et
aliéner 1,500 francs, et, quant au surplus, les créanciers ne
pourront y avoir aucun recours. Ce système ne serait vraiment acceptable qu'en réunissant en une seule caisse l'assurance en cas de mort et l'assurance en cas d'accidents, parce
qu'alors cette première caisse, subventionnée par le gouvernement, recevrait un prélèvement de l'État, qui, possédant
un élément *gratuit* pour l'assuré, pourrait le gratifier de la
condition d'insaisissabilité, sans violer les dispositions de la
loi.

En résumé, cette première caisse d'assurances en cas de
décès, à laquelle les derniers travaux du Conseil d'État ont
enlevé son existence propre et spéciale, nous paraît s'écarter de
la pensée originaire de la loi et étendre sans utilité son action.
Pour tous, l'assurance en cas de décès, créée uniquement pour
les ouvriers, doit être faite à prime fixe annuelle à des conditions
de bon marché exceptionnelles, le tiers à peine des primes
perçues par les Compagnies. Cette faveur ne peut se réaliser
qu'avec les secours et les subventions de l'État, dont tous
les citoyens ne doivent profiter.

Dans notre opinion, cette partie du projet nous semble
incomplète dans son organisation sévère, dans ses règles, et
méconnaître le principe bienfaisant, élevé et politique même,
que le gouvernement doit avoir à cœur de proclamer et de
mettre en pratique.

§ 2.

La deuxième Caisse, qui nous intéresse principalement, a pour objet de créer des pensions viagères pour les ouvriers agricoles et industriels blessés dans l'exercice de leurs travaux, et atteints d'une incapacité permanente.

Parcourons les diverses dispositions du projet.

Le projet de loi n'admet à l'assurance contre les accidents que les ouvriers âgés de seize ans au moins. A notre avis, cet âge doit être abaissé à douze ans. La loi du 22 mai 1841, qui réglemente le travail des enfants dans les fabriques, permet leur admission dès l'âge de huit ans et reconnaît qu'à partir de douze ans les enfants peuvent être employés à un travail effectif de douze heures, c'est-à-dire comme de véritables ouvriers.

Le projet de loi attribue des secours aux veuves et aux enfants mineurs des assurés qui ont péri par suite de ces mêmes accidents.

On ne saurait trop louer le principe du projet de loi éminemment philanthropique et qui contient, au point de vue de l'humanité, de la civilisation et de la politique, les éléments les plus précieux.

Secourir l'ouvrier blessé par suite de ses travaux, c'est-à-dire dans l'exercice d'une œuvre qui contribue à la prospérité et à la richesse du pays, c'est remplir le même devoir que venir en aide au soldat blessé dans la défense du territoire et pour l'honneur de notre drapeau.

Il est équitable pour un pays comme la France de secourir toutes les infortunes et surtout celles des ouvriers honnêtes et tranquilles. Il est juste aussi d'alléger la douleur et la misère de la veuve et des enfants mineurs au moyen d'une indemnité.

Le projet distingue avec raison les résultats des accidents dont l'ouvrier serait atteint. Les accidents ayant occasionné une incapacité de travail quelconque sont plus graves que les accidents n'entraînant qu'une incapacité des travaux de la profession. La rente viagère est naturellement moindre pour l'ouvrier qui, ne pouvant plus exercer son état, est encore apte à s'occuper d'un autre travail.

La cotisation de l'assurance fixée par le projet est vraiment trop modique : 8 francs par an, 5 francs, 3 francs. Nous préférerions un prix unique, de même qu'une cotisation plus élevée, afin qu'en cas d'accidents, la rente viagère fût d'un taux suffisant. Nous préférerions surtout que le taux de la prime annuelle ne fût pas fixé dans le projet de loi qui doit avoir pour corollaire, et comme un complément indispensable, la police, c'est-à-dire le contrat synallagmatique contenant les clauses détaillées de l'assurance, et spécialement le coût de la prime annuelle, dont le prix pourrait varier d'après les circonstances heureuses, comme des libéralités particulières et un chiffre imprévu de prélèvements sur le prix des travaux publics.

Les avantages inespérés de circonstances favorables seraient réalisés, si, dans le coût de la cotisation annuelle, dans le chiffre d'une seule prime, était comprise la triple assurance :

Sur la vie.

En cas de décès.

Contre les accidents.

Ce serait le perfectionnement de l'assurance en faveur de la classe ouvrière. C'est à ce résultat difficile que tous les efforts doivent tendre.

D'après le projet de loi, par une combinaison d'éléments et de calculs, la pension viagère en cas d'accidents ne peut être moindre de 200 francs pour la première classe, ni inférieure à 150 francs pour la deuxième classe. Le maximum de la rente viagère n'est pas fixé, mais d'après le tableau n° 1, joint au travail de l'honorable rapporteur du Conseil d'État, la rente viagère en cas d'accidents et sur la cotisation de 8 francs par an, ne s'élèverait qu'à 189 francs au bout de quarante-cinq ans;

A 118 francs sur la cotisation de 5 francs;

A 71 francs sur la cotisation de 3 francs.

De telle sorte que l'intervention de l'État est indispensable pour composer le chiffre de 200 francs ou 150 francs desdites pensions viagères prévues par le projet de loi. Nous ne pouvons admettre ces calculs, qui reposent principalement sur le taux beaucoup trop modéré de la prime annuelle. A notre sens, le coût de la prime d'assurance contre les accidents doit être uniforme, ne pas être abaissé au-dessous de 12 francs l'an, payables en deux termes égaux. L'augmentation de la prime rendra moins onéreux les sacrifices de l'État et permettra d'élever à 300 francs le chiffre de la rente viagère en cas d'accidents, entraînant une incapacité permanente et absolue. Ce chiffre de 12 francs n'est pas d'ailleurs excessif en présence de l'élévation du taux des salaires, de l'abaissement du prix de l'argent, et au regard des avantages accordés par l'assurance.

L'objection capitale que nous faisons au projet de loi, c'est de s'être inspiré des pratiques en usage dans les Compagnies d'assurances sur la vie, et de s'être livré à des calculs problématiques, afin d'accorder de légers soulagements, sans grever la caisse de l'État. Or, des calculs, des combinaisons de chiffres, des problèmes d'arithmétique, des probabilités de mortalité, des solutions d'après le travail de Deparcieux, tout cela n'est pas de nature à attirer l'ouvrier déjà défiant pour toute institution de l'État. L'ouvrier avec son gros bon sens, et son intelligence positive, veut savoir, pour l'assurance sur la vie, quelle somme il devra recevoir à l'échéance de sa police; pour l'assurance en cas de décès, la somme fixe à recueillir pour sa veuve et ses enfants ; et, pour l'assurance en cas d'accidents, la somme quotidienne à recevoir pendant la maladie, et le chiffre de la rente viagère : ces avantages devant profiter à partir du jour de l'assurance contre les accidents, si la fatalité veut que, ce même jour, l'ouvrier éprouve un accident.

Les auteurs du projet, en établissant deux caisses distinctes, en faisant de l'assurance en cas de décès une opération particulière, semblent hésiter devant les sacrifices que l'assurance, en cas de décès, entraînerait, et cependant cette nature d'assurance mérite de participer aux subventions de l'État et à la bienfaisance publique. Les deux assurances en cas de décès et en cas d'accidents ne doivent former, à vrai dire, qu'une seule institution alimentée par le prélèvement de 1 pour 100 sur tous les travaux publics, par les cotisations et les dons de bienfaisance. De même ce n'est qu'avec grande parcimonie que le projet fixe le chiffre des rentes viagères en cas d'accidents, et le chiffre des secours à la famille de l'ouvrier décédé. Ces évaluations doivent être sensiblement élevées.

Au premier abord, ce système paraît excessif, d'une réalisation impossible, et cependant nous ne le présentons qu'avec le secours de l'expérience acquise en cette matière.

Nous soutenons en effet, avec l'exemple des compagnies qui s'occupent spécialement des affaires de cette nature, que notre procédé est parfaitement praticable.

Les opérations d'assurances en cas d'accidents ne sont pas

nouvelles. Il existe en effet à Paris deux Sociétés s'occupant des assurances contre les accidents.

L'une de ces Sociétés, créée en 1864 sous la forme anonyme et avec le titre de *la Sécurité*, a fait déjà un assez grand nombre d'assurances contre les accidents. *La Sécurité* contracte à la fois des assurances individuelles et collectives, c'est-à-dire assure individuellement l'ouvrier, et assure aussi une collection d'ouvriers réunie dans le même chantier.

Dans cette société, dont la plupart des conditions sont préférables au régime du projet de loi, l'assurance produit ses effets *du jour de police;* l'assurance est accessible à tout ouvrier âgé de *douze ans* et ne peut être refusée qu'à l'ouvrier ayant dépassé l'âge de soixante-cinq ans.

L'assuré peut, en cas d'accident, stipuler à son profit une indemnité quotidienne pendant la maladie, et, en cas d'accident entraînant une incapacité permanente de travail, une rente viagère d'un chiffre fixe. La Société assure également aux héritiers, en cas de décès, une indemnité déterminée à l'avance.

Tous ces risques d'accident, d'incapacité permanente et de décès sont couverts au moyen d'une prime variable suivant le chiffre de l'indemnité stipulée pour l'ouvrier en faveur de ses héritiers; prime peu élevée en raison des avantages accordés. D'après le tarif de cette Société, la prime s'élève pour la classe moyenne des risques, c'est-à-dire dans la deuxième classe, à 19 francs par an. Pour cette somme l'ouvrier, en cas de décès par suite d'accident, laisse à ses héritiers une somme de 5,000 francs, a droit en cas d'incapacité permanente à une rente de 300 francs, et pendant la maladie à une indemnité de 2 fr. 50 par jour. Ainsi pour une seule prime la Compagnie assure à l'ouvrier, en cas d'accident, des secours pendant la maladie, une rente viagère de 300 francs si l'accident entraîne une incapacité permanente de travail, et enfin une somme de 5,000 francs en cas de décès, au profit de la veuve et des héritiers. Que de conditions avantageuses supérieures au projet de loi en question !

Le coût de la prime est plus élevé, il est vrai, que le chiffre fixé par le projet de loi, mais combien aussi les avantages sont plus considérables. L'assuré, en souscrivant sa police, connaît nettement les droits qui lui sont accordés, les avantages qui lui sont promis, et les secours assurés à sa famille. Rien n'est vague, indécis, ni problématique. La police est positive comme une convention, comme le chiffre d'un salaire.

La deuxième Société qui fonctionne à Paris, a été créée à Bruxelles en 1861, dans des conditions de mutualité. C'est une Société belge, mais dont toutes les opérations se font en France. Elle ne comptait en 1862 que six cents ouvriers belges ou français. Elle possède aujourd'hui cinquante mille ouvriers assurés en France, pour les seuls départements de la Seine et de Seine-et-Oise. Cette prospérité inespérée tient principalement à l'objet de l'assurance qui s'occupe exclusivement des ouvriers. Les conditions offertes aux assurés ont également leur part dans les succès obtenus.

Résumons en quelques lignes les avantages présentés par cette Société.

L'assurance commence le jour de la date de la police, et les effets en sont immédiats.

L'assuré, en cas d'accident n'entraînant qu'une incapacité temporaire de travail, reçoit une indemnité quotidienne de 2 fr. 50 c., pendant la durée de l'incapacité.

En cas d'accident entraînant une incapacité permanente, l'ouvrier reçoit une rente viagère fixée par la police, et qui varie entre 300 fr. et 400 fr., au choix de l'assuré.

En cas de décès par suite d'un accident industriel, les héritiers ont droit à une indemnité de 5,000 fr.

Les mêmes assurés peuvent, pour une cotisation minime, s'assurer contre les maladies ordinaires et recevoir une indemnité journalière de 2 fr. 50 c.

Cette Société, qui s'occupe presque exclusivement des polices collectives, et traite généralement avec les chefs d'ateliers, pour une durée de plusieurs années, embrasse, comme on le voit, l'ensemble des cas d'assurances dont l'ouvrier veut se garantir dans le cours de ses travaux. Les clauses de cette assurance sont claires, précises, sans nécessité de calculs mathématiques, sans calculs problématiques. L'assuré connaît le sort qui l'attend en cas d'accidents, et le régime dont ses héritiers pourront profiter.

En comparant l'économie de cette Société et les avantages qu'elle promet, avec les conditions édictées dans le projet de loi, il est évident que le projet de loi est en grande défaveur. L'État, cependant, grâce à ses ressources et à ses sacrifices, doit faire mieux que l'industrie privée.

L'avantage du projet de loi ne réside, à l'égard de ces deux Sociétés, que dans la médiocrité de la prime. Nous avons fait connaître le taux de la prime moyenne fixée, par la Compagnie *la Sécurité*, à 19 fr. par an. Quant à la Société mutuelle, d'après ses précédents exercices, elle perçoit une première cotisation de 4 à 5 centimes par journée de dix heures, soit en moyenne de 16 à 18 fr. par an; mais il est à remarquer qu'une cotisation supplémentaire est devenue toujours nécessaire pour niveler la situation, ce qui porte à 24 fr. environ l'ensemble de la cotisation annuelle.

Cette somme, avancée par le chef d'atelier et retenue à l'ouvrier, ne s'est élevée à ce maximum que par suite de circonstances exceptionnelles, savoir : une quantité énorme d'accidents et un nombre de morts très élevé. Le chiffre des décès par l'effet d'accidents industriels est un peu plus de un par mille ouvriers assurés. Dans l'exercice précédent, les sinistres ayant entraîné la mort se sont élevés à plus de cinquante, et ce nombre sera supérieur pour l'exercice courant.

Tout fait cependant supposer que, dans les années moins calamiteuses, la cotisation annuelle ne dépassera pas 18 fr. par an, et tendra même à s'abaisser pour garantir les risques et assurer des avantages dont nous n'avons fait qu'esquisser l'importance.

Ce chiffre de 18 fr., supérieur au chiffre de la prime exprimé dans le projet de loi, donnera lieu encore à la même objection que vis-à-vis de la société anonyme *la Sécurité*. Il sera facile de répondre que la Caisse des accidents, d'après les prévisions du gouvernement, ne pourrait se suffire avec les produits des primes projetées; que cette Caisse est créée avec des ressources publiques, les donations, les libéralités, et surtout au moyen d'un prélèvement de 1 pour 100 sur le prix des adjudications de tous les travaux publics. Cette subvention énorme doit permettre la modération des primes, dont nous demandons cependant l'élévation, afin de rendre l'assurance plus large, plus étendue, plus complète, et au moins aussi favorable que les conditions des deux Sociétés, qui fonctionnent déjà avec succès.

Nous terminerons notre aperçu général par une dernière observation. Le projet paraît conçu surtout en vue des assurances individuelles faites annuellement. Or, les essais tentés jusqu'à ce jour ont démontré combien il était préférable, pour la moralité de l'assurance, la prospérité des combinaisons, les garanties contre la fraude, de favoriser les assurances *collectives* et pour *plusieurs années*.

Sans nous trop préoccuper des détails d'écritures, qu'un nombre infini de polices individuelles devrait entraîner chaque année, nous sommes surtout frappés de l'avantage qui résulte de cette communàuté d'assurances entre plusieurs personnes qui se connaissent, se suivent, se surveillent, et ont un intérêt direct à ce que les causes, la gravité, les suites des accidents soient constatées avec bonne foi. La durée de l'assurance est encore une circonstance très-importante, au point de vue politique et financier de la loi.

En résumé, et avant d'examiner séparément chaque article du projet, nous n'hésitons pas à penser que l'esprit généreux et bienfaisant du projet est en partie étouffé par les conditions de détail. Le projet se trouve amoindri par les difficultés qu'il présente à l'esprit. Les avantages qui en découlent manquent de netteté, d'ampleur et de largesse. Les indemnités sont restreintes, les allocations parcimonieuses. Ce n'est pas tout à fait l'œuvre d'une grande nation, qui veut venir en aide à une classe laborieuse, digne de l'intérêt et de la sollicitude de tous les citoyens.

Examen, article par article, du projet de loi

Le lecteur trouvera, à la suite de notre étude, le projet de loi en question, avec les changements successifs que les observations judicieuses de Son Excellence M. le Ministre des travaux publics et le travail consciencieux du Conseil d'État y ont introduits. En se reportant à ce document, il sera facile de suivre nos très-respectueuses considérations.

1re *Observation*. — Nous désirerions que, revenant à la première et à la deuxième rédaction primitives du projet de loi, le titre énonçât *une Caisse* d'assurances, et non *deux* Caisses d'assurances.

2º *Observation*. — Selon nous, l'institution doit être faite uniquement en faveur des ouvriers. C'est l'État qui est créateur de l'institution, qui la subventionne. Les deux objectifs de la loi sont alimentés par la même subvention, pourquoi les diviser?

TITRE :

Projet de loi relatif à la création de *deux* Caisses d'assurances; l'une en cas de décès, l'autre en cas d'accidents résultant de travaux agricoles et industriels.

Il est indispensable qu'après ces mots, *Caisses d'assurances*, on ajoute : *en faveur des ouvriers*, de manière à bien indiquer que l'institution est faite uniquement pour une classe de citoyens qui peut seule profiter des sacrifices de la nation et de la bienfaisance du gouvernement.

3º *Observation*. — D'après notre système, l'institution devrait embrasser tous les cas d'assurances qui peuvent intéresser et moraliser la classe ouvrière. L'assurance sur la vie mérite la même faveur que l'assurance en cas de décès. Pourquoi ne pas comprendre aussi cette dernière assurance dans le projet, afin de compléter l'économie de l'institution? Pourquoi n'en pas faire l'objet d'une opération spéciale, à l'usage exclusif des ouvriers agricoles et industriels? Si notre avis était goûté, il y aurait lieu d'ajouter après les mots, *cas d'assurances*, ces mots, *sur la vie, et en cas de décès.*

ART. 1er.

Il est créé *sous la garantie de l'État :*

1° Une Caisse d'assurances, ayant pour objet de payer, au décès de chaque assuré, à ses héritiers ou ayants droit, une somme déterminée, *suivant les bases fixées par l'art. 2 ci-après.*

ART. 1er.

1re *Observation.* — Nous préférerions substituer à ces mots. *sous la garantie* de l'État, ceux-ci: *par l'État.* C'est en effet l'État qui crée la Caisse, qui la subventionne, qui doit recueillir l'honneur de l'institution. L'État seul est obligé de régler les avantages qui sont stipulés. Nul autre *être* n'est tenu des engagements contractés envers les assurés. Un garant, dans le sens légal du mot, n'est tenu qu'à défaut de l'obligé principal. C'est ainsi qu'à raison de certaines obligations de chemins de fer, l'État est garant du service des intérêts promis par les Compagnies qui sont obligées sous la garantie de l'État. Il n'en saurait être de même dans le projet actuel. C'est l'État qui crée l'institution, et qui seul est grevé des charges.

2º *Observation*. — Nous maintenons le bénéfice de nos observations pour la création des opérations sur la vie. Nous voudrions qu'il fût possible que l'ouvrier qui se serait assuré, au-dessous de l'âge de trente ans, pût jouir, à l'âge de cinquante ou cinquante-cinq ans, d'une rente viagère de 300 francs. Cette institution, qui doterait dans l'avenir (nos contemporains) la nouvelle génération ouvrière, devrait réaliser, pour le pays, de grands avantages de force et de sécurité; or, l'avenir doit être la préoccupation principale de tout gouvernement.

3º *Observation*. — Dans tous les cas, nous nous permettrons de demander que ces mots : *une somme déterminée suivant les bases fixées à l'article ci-après*, soient remplacés par ceux-ci : *une somme de 3,000 fr.*

Suivant l'article 2 du projet, la somme à payer au décès de l'assuré doit être fixée :

1º Par l'intérêt composé à 4 p. 100 par an des versements effectués ; 2º des chances de mortalité à raison de l'âge des déposants, calculées d'après la table de Deparcieux.

Dans nos considérations générales, nous avons pris la liberté de ne pas admettre le mode prévu pour fixer l'indemnité au décès de l'assuré.

L'État n'est pas un assureur

vulgaire. Et les assurés à cette fondation, sont des citoyens d'une classe spéciale et privilégiée.

L'État ne cherche pas à faire des profits, et les assurés doivent recueillir les effets de la bienfaisance du pays.

C'est une institution éminemment philanthropique et même politique, qui doit être soutenue par tous les moyens d'attrait, afin de se répandre et d'attirer des prosélytes.

Or, pour l'ouvrier qui veut, en toutes choses, des idées pratiques et positives comme ses propres travaux, lui présenter, comme espérance de son adhésion, un intérêt à 4 p. 100 qui lui semblera minime, un résultat variable et incertain, avec les chances résultant d'une table composée par un homme inconnu des personnes peu lettrées ou peu versées dans la science des assurances sur la vie, ce n'est guère attrayant.

Le projet, à notre avis, doit déterminer une somme fixée dont l'ouvrier connaîtra le chiffre au moment de l'assurance, et qui lui donnera la certitude d'un secours prévu, à recueillir par ses héritiers ou ayants droit.

La somme de 3,000 francs, qui est le maximum du chiffre prévu par l'article 4, nous a paru devoir être conservée comme répondant à des prévisions équitables.

2° *Une Caisse d'assurances, en cas d'accidents, ayant pour objet de servir des pensions viagères aux personnes assurées, qui dans l'exécution des travaux agricoles et industriels, sont atteintes de blessures entraînant une incapacité permanente de travail, et de donner des secours aux veuves et aux enfants mineurs des personnes assurées qui ont péri par suite d'accidents survenus dans l'exécution desdits travaux.*

1re *Observation.* — Suivant les réflexions qui précèdent, et qui ont pour objet de ne former qu'une seule Caisse pour les divers cas prévus par la loi, il y aurait lieu de supprimer ces mots: *une Caisse d'assurances ayant pour objet.*

2° *Observation.* — Il nous paraîtrait équitable que, pendant le traitement des blessures causées par les accidents, des secours fussent accordés au patient, pour lui et sa famille. Dans le cas d'incapacité permanente, l'objection pourrait être écartée au moyen de la liquidation des pensions, et de leur jouissance à partir du jour de l'accident.

Il resterait toutefois cette lacune, que l'ouvrier blessé, et dont l'incapacité ne serait pas permanente, ne recevrait aucun secours pendant la maladie. Nous entendons qu'il sera répondu que les asiles de bienfaisance s'ouvriront pour ceux-là ; mais, outre que certaines résistances à cet égard peuvent exister, on ne doit pas oublier que le salaire de l'ouvrier est souvent la seule ressource de la famille , composée d'une femme et souvent de plusieurs enfants. Que deviendront ces êtres intéressants, privés de leur gagne-pain? Une indemnité quotidienne, perçue pendant la maladie, permettrait de soulager toutes ces souffrances. Les deux Compagnies d'assurances contre les accidents, dont nous avons fait connaître le résumé des opérations, accordent une indemnité de 2 fr. 50 par jour, pendant la maladie résultant de l'accident.

Il y aurait donc lieu d'ajouter au § 2 de l'art. 1er, après ces mots: *permanente de travail*, ceux-ci: « de payer une indemnité quotidienne, pendant la durée de la maladie, aux ouvriers atteints de blessures n'entraînant pas une incapacité permanente de travail. »

3º *Observation*. — Tout doit être net et précis dans l'institution formée en faveur de la classe ouvrière.

Tout doit tendre à ménager les susceptibilités si grandes de l'ouvrier.

Les avantages accordés à l'ouvrier, et, en cas de décès, à sa veuve et à ses enfants, résultent sans doute de la munificence de l'État, mais prennent aussi leur source dans la prime annuelle payée par l'ouvrier.

De ces diverses considérations, il résulte que nous préférerions à la place de ces mots: *de donner des secours aux veuves et aux enfants mineurs...*, la rédaction suivante: *de donner une indemnité de 600 fr. aux veuves et de 600 fr. aux enfants mineurs de l'ouvrier décédé.*

Caisse d'assurances sur la vie.

Ici devrait se placer l'article

contenant le principe de l'assurance sur la vie, et dont nous don-
nons très-humblement le projet à
la suite de notre étude.

TITRE Ier.
Caisse d'assurances en cas de décès.

ART. 2.

La somme à payer au décès
de l'assuré est fixée conformément
à des taux tenant compte :

1° De l'intérêt composé à quatre
pour cent par an des versements
effectués ;

2° Des chances de mortalité à
raison de l'âge des déposants, calculées d'après la table dite de Deparcieux.

1re *Observation.* — Selon les rai-
sons que nous avons présentées
plus haut, il y aurait lieu de supprimer du titre les mots : *Caisse
d'assurances en cas de décès.*

L'art. 2 devrait être ainsi rédigé : « La somme à payer au décès de l'assuré est fixée à la somme
de 3,000 fr. »

ART. 3.

Toute assurance faite moins de
deux ans avant le décès de l'assuré demeure sans effet. Dans ce
cas, les versements effectués sont
restitués aux ayants droit avec les
intérêts à quatre pour cent.

Il en est de même, lorsque le
décès de l'assuré, quelle qu'en soit
l'époque, résulte de faits, de causes exceptionnelles qui sont définies dans les polices d'assurances.

Nul changement.

ART. 4.

Les sommes assurées sur une
tête ne peuvent excéder 3,000 fr.

Elles sont incessibles et insaisissables jusqu'à concurrence de
1,500 francs.

ART. 4.

1re *Observation.* — Nous avons
cru utile, à raison de la situation
identique des ouvriers, de fixer
d'avance la somme à payer en cas
de décès, et d'en déterminer le
chiffre à 3,000 fr. D'après ces er-
rements, le § 1er devrait être ainsi
rédigé :

« La somme assurée sur chaque
» tête est fixée à la somme de
» 3,000 fr. »

2ᵉ *Observation*. — Dans notre
aperçu général de la loi, nous
avons cru pouvoir nous élever
contre cette double condition, qui
permettrait à l'assuré de céder, et
qui rendrait insaisissable la moitié
des sommes assurées.

Permettre à l'assuré de céder
une partie des sommes assurées,
c'est lui donner la faculté, dans un
moment d'égarement ou de faiblesse, de détruire partiellement
les effets de l'assurance.

Rendre insaisissable une partie
des sommes assurées, n'est-ce pas
violer le principe de la loi civile,
qui déclare tous les biens d'un débiteur comme étant le gage de ses
créanciers ? N'est-ce pas ainsi
autoriser la mauvaise foi à jouir
de l'impunité ?

Le deuxième paragraphe de
l'art. 4 pourrait être supprimé
sans inconvénient.

ART. 3.
Nul ne peut s'assurer s'il n'est
âgé de seize ans, au moins, et
de soixante au plus.

1ʳᵉ *Observation*. — En élevant à
une somme fixe, et au maximum
des prévisions de la loi, le chiffre
de la somme assurée, nous devons
nous préoccuper, sans nul doute,
des voies et moyens pour atteindre
un résultat, qui ne sera pas trop
onéreux.

Dans cette pensée, nous croyons
devoir élever à vingt ans, l'âge
minimum de l'assuré. Cette pé-

riode de. seize à vingt ans présentant encore d'assez grandes chances de mortalité, sans compter qu'avant cette époque, l'ouvrier est rarement marié, pere de famille, et a moins d'intérêt à une assurance en cas de décès.

Par le même motif, c'est-à-dire à raison de l'élévation de la somme assurée, l'âge de soixante ans nous paraît trop avancé.

La Caisse doit avoir de plus longues espérances pour la jouissance de ses primes. L'âge maximum devrait être limité à quarante ans.

ART. 6.

Les Sociétés de secours mutuels, approuvées conformément au décret du 26 mars 1852, sont admises à contracter des assurances collectives pour assurer, suivant l'âge moyen de leurs membres et au décès de chacun d'eux une somme fixe, qui ne peut excéder 1,000 francs.

Ces assurances ne sont faites que pour une année.

1re *Observation.* — Nous sommes loin d'être hostiles en principe aux assurances collectives.

Nous croyons qu'elles offrent plus de garanties, de sécurité, de moralité même que les assurances individuelles.

Consentir une assurance avec un chef d'atelier, pour cinquante ou cent ouvriers compris dans une seule police collective, est bien préférable à cent polices individuelles.

2o *Observation.* — De même, nous sommes peu enclins aux assurances pour une année. L'institution n'est pas créée pour un jour, ni pour une année. Son intérêt, son but, la suprême pensée qui la protége, ne sauraient être satisfaits d'une existence passagère, et par ce motif même, nous avons dû soutenir l'assurance sur la vie, et un système plus large en cas de décès, afin de lier les assurés à un système durable.

Enfin nous croyons que le projet de loi, suivant l'idée généreuse qui a présidé à sa naissance, n'a en vue que les ouvriers.

Par tous ces motifs, nous ne pouvons admettre les assurances collectives sans doute, mais à courte haleine, contractées pour le compte de personnes qui peuvent être étrangères à la classe ouvrière.

L'art. 6 devrait, selon nous, être supprimé.

TITRE II.

De la Caisse d'assurances en cas d'accidents.

Observation unique. — Il y a lieu dans le titre, pour être conséquent avec nos précédentes résolutions, de supprimer les mots : *de la Caisse de.....*

ART. 7.

Les assurances, en cas d'accidents, ont lieu par année. L'assuré verse à son choix, et par chaque année, 8 francs, 5 francs, ou 3 francs.

1re *Observation.* — Nous comprenons que le projet ait limité l'assurance, pour cause d'accidents, à une année. Mais nous croyons aussi qu'il serait sage d'autoriser les polices pour plusieurs années, afin d'éviter ce travail matériel de polices annuelles, et surtout pour attacher le souscripteur à un ordre d'idées conçues uniquement dans son intérêt.

La rédaction de cette première partie de l'article devrait être ainsi modifiée : *ont lieu pour une ou plusieurs années.*

2º *Observation.* — Nous avons indiqué dans notre aperçu général que nous préférerions un taux uniforme de primes et un chiffre supérieur de primes à la quotité fixée par le projet. En cette matière il faut une règle uniforme, pour éviter les complications, les caprices des assurés, et les placer tous sous un même niveau créé par la bienveillance de l'État.

De même, et par ce motif que dans notre système nous avons agrandi considérablement le champ de l'assurance, en fixant à un tarif fixe et maximum le taux de la rente viagère, l'indemnité en cas de décès et l'indemnité quotidienne pendant la maladie causée par les accidents n'entraînant qu'une incapacité temporaire de travail, il nous paraît juste d'élever à 12 fr. le chiffre unique de la prime; mais le taux de la prime ne nous semble pas devoir figurer dans le projet de loi.

ART. 8.

Les ressources de la Caisse *d'assurances en cas d'accident*, se composent :

1º Du montant des cotisations versées par les assurés, *comme il est dit ci-dessus* ;

2º D'un prélèvement de un pour cent sur le montant des travaux exécutés par l'État et les départements, et des subventions accordées par l'État aux départements

Observation unique. — Nul changement, sauf la suppression des mots : *d'assurances en cas d'accidents.*

Premier paragraphe et deuxième paragraphe. Suppression des mots comme il est dit *ci-dessus.*

et aux communes pour leurs travaux ;

3o Des dons et legs faits à la
Caisse, et dont l'acceptation a été
régulièrement autorisée.

ART. 9.

Pour le règlement des pensions
viagères à concéder, les accidents
sont distingués en deux classes :

1o Accidents ayant occasionné
une incapacité absolue d'un travail quelconque ;

2o Accidents ayant entraîné une
incapacité permanente du travail
de la profession.

La pension accordée pour les
accidents de la seconde classe
n'est que de la moitié de la pension afférente aux accidents de la
première.

ART. 10.

La pension viagère due aux
ayants droit, suivant la distinction
de l'article précédent est servie *par
la Caisse des assurances en cas d'accidents*, au capital nécessaire à la
constitution de ladite pension,
d'après les tarifs de la Caisse des
retraites.

Ce capital se compose pour la
pension en cas d'accidents de la
première classe :

1o D'une somme égale à trois
cent vingt fois le montant de la
cotisation versée par l'assuré ;

2o D'une seconde somme égale
à la précédente, et qui est prélevée

ART. 9.

Nul changement, en admettant
que le règlement des pensions viagères est fixé d'avance à 300 fr.,
pour les accidents entraînant une
incapacité absolue d'un travail
quelconque.

Observation unique. — Le premier paragraphe de l'art. 10 nous
paraît suffisant pour régulariser
les rapports entre l'institution et
la Caisse des retraites.

Il y a lieu toutefois de supprimer ces mots : *par la Caisse des
assurances en cas d'accidents*, ce
qui impliquerait l'existence de
deux Caisses distinctes et de ressources particulières à la Caisse
des assurances en cas d'accidents.

Les divers calculs composant
les autres paragraphes du même
article n'auraient aucune utilité.

sur les ressources indiquées aux §§ 2 et 3 de l'art. 8.

Le montant de la pension correspondante aux cotisations de 5 francs et de 3 francs ne peut être inférieur à 200 francs et 150 francs pour la seconde. — La seconde partie du capital ci-dessus est élevée de manière à atteindre ces minima, lorsqu'il y a lieu.

ART. 11.

Le secours à allouer, en cas de mort de l'assuré, à sa veuve, est égal à deux années de la pension à laquelle il aurait droit. L'enfant ou les enfants mineurs reçoivent un secours égal.

Observation unique. — On ne saurait se montrer trop humain à l'égard de la veuve et des enfants de l'ouvrier blessé mortellement dans le cours de son travail.

En allouant à la veuve deux années de la pension de 300 fr., soit 600 fr., et aux enfants mineurs un égal secours, il n'y a aucune exagération, loin de là, dans le chiffre de ces tristes indemnités.

L'art. 11 nous semblerait donc devoir être modifié ainsi :

Ajouter après ces mots : de la pension *de la première classe énoncée dans l'art.* 9.

ART. 12.

Les rentes viagères constituées en vertu de l'art. 8 ci-dessus sont incessibles et insaisissables.

ART. 12.

Comme ci-contre.

Il s'agit, en effet, d'une rente ayant le caractère alimentaire ; l'État contribuant à l'établissement de cette rente, à titre gratuit, a pu attribuer à sa libéralité telle condition de son choix.

ART. 13.

Nul ne peut s'assurer s'il n'est âgé de seize ans au moins.

ART. 13.

D'après nos observations générales, nous estimons que le chiffre doit être abaissé à douze ans, et

4

que l'ouvrier âgé de plus de cinquante-cinq ans ne puisse pas être admis à l'assurance.

ART. 14.

Les administrations publiques, les établissements industriels, les compagnies de chemin de fer, peuvent assurer collectivement leurs ouvriers. Les conditions spéciales de ces assurances sont déterminées par la police.

ART. 14.

Comme ci-contre.

ART. 15.

Les Caisses d'assurances créées par la présente loi sont gérées par la Caisse des dépôts et consignations, etc., etc.

ART. 15.

Conforme au projet.

Dans les divers paragraphes qui composent cet article, substituer aux mots les Caisses, ceux-ci : *la Caisse.*

Conclusion.

Nous n'avons pas eu la prétention de faire une étude complète sur le projet de loi que nous avons examiné avec toute la déférence qu'il mérite. Une telle ambition était au-dessus de nos forces.

Notre pensée n'a pas été non plus de critiquer un projet que nous préférons mille fois, tel qu'il a été conçu, à toute mesure qui amènerait son retrait.

Notre sympathie pour la classe ouvrière nous a porté à désirer les plus grands avantages pour cette classe intéressante de citoyens.

Nous avons regretté que l'État, dans cette voie protectrice de l'ouvrier malheureux, se montrât moins large et moins généreux que l'industrie privée ; craignant par cela même que le succès fût moins complet pour l'institution émanant du gouvernement.

En résumé, nous voudrions que le projet spécial pour les ouvriers contînt tous les genres d'assurance que l'ouvrier pourrait désirer : sur la vie, en cas de décès, en cas d'accidents.

Ce désir n'est pas seulement puisé dans un sentiment philanthropique et chrétien, il prend sa source également dans les avantages de secours mutuels que se prêteraient les diverses branches d'assurance, comme aussi dans les résultats politiques que doit produire le bien-être de l'ouvrier attaché à son travail, tranquille sur l'avenir pour lui et les siens, sur les suites des accidents qui pourraient l'atteindre.

Cette préoccupation n'a pas dû être étrangère à l'origine du projet, et mérite l'attention des esprits sérieux.

Il est impossible de méconnaître que le projet de loi est un bienfait pour l'ouvrier, et nous nous sommes demandé s'il ne serait pas possible d'en faire un frein pour les passions violentes, en privant des douceurs de l'assurance l'ouvrier condamné pour délit correctionnel ou politique. Mais nous avons craint que l'esprit public, si généreux en France, désapprouvât ce moyen efficace de répression.

Nous désirons vivement que cette étude imparfaite témoigne de notre dévouement aux institutions philanthropiques et procure en faveur des ouvriers quelque progrès dans un projet de loi éminemment utile et digne des plus vives sympathies.

Texte du Projet de loi de l'auteur de la brochure.

Projet de loi relatif à la création, au profit des ouvriers, d'une Caisse d'assurance sur la vie, en cas de décès et en cas d'accidents résultant de travaux agricoles et industriels.

ARTICLE 1er.

Il est créé par l'État, au profit des ouvriers, une Caisse d'assurance ayant pour objet :

1° De servir à chaque assuré sur la vie, à l'âge de cinquante-cinq ans, une rente viagère de 300 fr.;

2° De payer au décès de chaque assuré, à ses héritiers ou ayants droit, une somme de 3,000 fr.;

3° De servir, à compter du jour de l'accident, une rente viagère de 300 fr. aux personnes assurées qui, dans l'exécution de travaux agricoles ou industriels, seraient atteintes de blessures entraînant une incapacité permanente de travail ;

4° De payer une indemnité quotidienne pendant la maladie des ouvriers atteints, dans le cours de leurs travaux, d'accidents n'entraînant qu'une incapacité temporaire de travail ;

5° De donner des secours aux veuves et aux enfants mineurs des personnes qui ont péri par suite d'accidents survenus dans l'exécution desdits travaux.

TITRE Ier.

ARTICLE 1er *bis*.

Tout ouvrier agricole ou industriel âgé de trente ans au plus qui contractera sur sa vie une assurance et qui acquittera les primes fixées par la police d'assurance, jouira, à l'âge de cinquante-cinq ans et jusqu'à sa mort, d'une pension annuelle de 300 fr. payable de six mois en six mois.

TITRE II.

ART. 2.

Tout ouvrier agricole ou industriel qui contractera une assurance en cas de décès et acquittera les primes convenues dans sa police, aura droit à son décès, pour sa veuve, ses enfants ou ses héritiers, à une somme fixe de 3,000 fr.

ART. 3.

Conforme au projet.

ART. 4.

Les sommes assurées sur une tête ne peuvent excéder 3,000 fr.

ART. 5.

Nul ne peut s'assurer, s'il n'est âgé de douze ans au moins et de quarante ans au plus.

ART. 6.

Article du projet à supprimer.

TITRE III.

Assurances en cas d'accidents.

ART. 7.

Les assurances en cas d'accidents ont lieu pour une ou plusieurs années, sur polices individuelles ou collectives.

ART. 8.

Les ressources de la Caisse se composent, etc.

ART. 9.

La pension accordée pour les accidents.
Conforme au projet.

ART. 10.

Les pensions viagères dues aux ayants droit suivant la distinction de l'acte précédent sont servies par la Caisse des retraites moyennant la remise qui lui est faite du capital nécessaire à la constitution de ladite pension d'après les tarifs de la Caisse des retraites.

(Surplus de l'art. 10 à supprimer.)

ART. 11.

Conforme au projet.

ART. 12.

Conforme au projet.

ART. 13.

Nul ne peut s'assurer s'il n'est âgé de douze ans au moins.

ART. 14.

Conforme au projet.

ART. 15.

Conforme au projet.

PROJET DE LOI

Relatif à la création d'une Caisse d'assurances en cas de décès et en cas d'accidents résultant de travaux agricoles et industriels.

PREMIÈRE RÉDACTION	DEUXIÈME RÉDACTION	NOUVELLE RÉDACTION

TITRE PREMIER

DE L'OBJET ET DES CONDITIONS GÉNÉRALES DE LA CAISSE

ARTICLE PREMIER.

Il est institué sous la garantie de l'État une caisse d'assurances ayant pour objet :

1o De payer au décès de chaque assuré une somme proportionnelle aux versements par lui effectués ;

2o De servir des rentes viagères aux personnes qui, ayant satisfait aux conditions ci-après énoncées, seront atteintes, dans l'exercice de travaux agricoles ou industriels, de blessures entraînant une incapacité permanente de travail, et de donner des secours aux veuves et aux enfants mineurs des personnes qui

TITRE PREMIER

DE L'OBJET ET DES CONDITIONS GÉNÉRALES DE LA CAISSE

ARTICLE PREMIER.

Il est créé sous la garantie de l'État une caisse d'assurances ayant pour objet :

1o De payer au décès de chaque assuré, à ses héritiers ou ayants droit, une somme déterminée suivant les bases fixées à l'article 6 ci-après ;

2o De servir des pensions viagères aux personnes assurées qui, dans l'exécution de travaux agricoles ou industriels, sont atteintes de blessures entraînant une incapacité permanente de travail ;

3o De donner des secours aux veuves et aux enfants mineurs des personnes assurées qui ont péri par suite d'acci-

(Supprimé.)

ARTICLE PREMIER.

Il est créé sous la garantie de l'État :

1o *Une* caisse d'assurances ayant pour objet de payer au décès de chaque assuré, à ses héritiers ou ayants droit, une somme déterminée suivant les bases fixées à l'article 2 ci-après ;

2o *Une caisse d'assurances en cas d'accidents ayant pour objet de* servir des pensions viagères aux personnes assurées qui, dans l'exécution de travaux agricoles ou industriels, sont atteintes de blessures entraînant une incapacité permanente de travail, et de donner des se-

PREMIÈRE RÉDACTION	DEUXIÈME RÉDACTION	NOUVELLE RÉDACTION
auraient péri par suite d'accidents de même nature.	dents survenus dans l'exécution desdits travaux.	cours aux veuves et aux enfants mineurs des personnes assurées qui ont péri par suite d'accidents survenus dans l'exécution desdits travaux.
ART. 2. Les assurés doivent être âgés de seize ans au moins et de soixante ans au plus.	**ART. 2.** (Comme ci-contre.)	(Voir l'article 13.)
ART. 3. Les dispositions de la présente loi ne sont pas applicables : 1° Aux marins inscrits ; 2° Aux militaires des armées de terre et de mer pendant qu'ils sont en activité de service.	**ART. 3.** (Comme ci-contre.)	(Supprimé.)
ART. 4. Les assurances à contracter en vertu de la présente loi peuvent être individuelles ou collectives, conformément aux dispositions, énoncées aux titres suivants.	**ART. 4.** (Comme ci-contre.)	(Supprimé.)
TITRE II DES ASSURANCES EN CAS DE DÉCÈS	**TITRE II** DES ASSURANCES EN CAS DE DÉCÈS	**TITRE PREMIER** DE LA CAISSE D'ASSURANCES EN CAS DE DÉCÈS
ART. 5. L'assurance individuelle en cas de décès peut être réalisée, soit par un ver-	**ART. 5.** L'assurance individuelle en cas de décès peut être réalisée par un verse-	(Supprimé.)

PREMIÈRE RÉDACTION	DEUXIÈME RÉDACTION	NOUVELLE RÉDACTION
sement unique, soit par des versements successifs. Chaque versement donne droit à la liquidation d'un capital à payer au décès du déposant.	ment unique ou par des versements faits successivement à des époques indéterminées ; elle peut également être réalisée par des versements périodiques, dont la quotité et les époques sont fixées à l'avance dans un contrat.	
Cette liquidation est faite conformément à des tarifs tenant compte : 1° de l'intérêt composé, au taux de quatre pour cent par an, des versements effectués par les déposants ;	**ART. 6.** Le versement unique et chacun des versements successifs donnent droit à la liquidation d'un capital payable au décès du déposant et qui est faite conformément à des tarifs tenant compte : 1° De l'intérêt composé à quatre pour cent par an des versements ;	**ART. 2.** *La somme à payer au décès de l'assuré est fixée conformément à des tarifs tenant compte :* 1° De l'intérêt composé à quatre pour cent par an des versements *effectués ;* (Comme ci-contre.)
2° De la loi de la mortalité d'après la table de Deparcieux.	2° Des chances de mortalité, à raison de l'âge des déposants, calculées d'après la table dite *de Deparcieux.*	
	ART. 7. Les versements périodiques donnent droit, lors du décès de l'assuré, au payement du capital convenu et qui est fixé conformément aux bases énoncées à l'article précédent. Le défaut d'un seul versement, à l'une des époques indiquées, opère la résolution du contrat, après une mise en demeure dont la forme et le délai sont	(Supprimé.)

PREMIÈRE RÉDACTION

ART. 6.

Les versements devront être de cinq francs au moins et sans fraction de franc.

ART. 7.

Les versements faits moins de deux ans avant le décès de l'assuré demeurent sans effet et sont restitués aux ayants droit, avec les intérêts calculés au taux qui sert de base au tarif.

Il en est de même à toute époque, si le décès résulte de faits de guerre ou de suicide.

ART. 8.

Les sommes assurées sur chaque tête ne peuvent excéder cinq mille francs.

DEUXIÈME RÉDACTION

fixés par un règlement d'administration publique. Dans ce cas, les versements effectués, déduction faite de la part afférente aux risques encourus, sont ramenés à un versement unique, donnant lieu, au profit de l'assuré, à la liquidation d'un capital au décès, conformément à l'article précédent.

La déduction est calculée d'après les bases du tarif.

ART. 8.

Les versements non périodiques devront être de cinq francs au moins et sans fraction de franc.

ART. 9.

Toute assurance faite moins de deux ans avant le décès de l'assuré demeure sans effet. Dans ce cas, les versements effectués sont restitués aux ayants droit, avec les intérêts à 4 p. 0.0.

Il en est de même, lorsque le décès de l'assuré, quelle qu'en soit l'époque, résulte de faits de guerre ou de suicide.

ART. 10.

Les sommes assurées sur une tête ne peuvent excéder trois mille francs.

NOUVELLE RÉDACTION

(Supprimé.)

ART. 3.

(Comme ci-contre.)

Il en est de même, lorsque le décès de l'assuré, quelle qu'en soit l'époque, résulte de *causes exceptionnelles qui sont définies dans les polices d'assurances.*

ART. 4.

(Comme à l'article 10 ci-contre.)

PREMIÈRE RÉDACTION

Ces sommes sont incessibles et insaisissables jusqu'à concurrence de mille francs (1,000 fr.).

ART. 9.

Les sommes versées, ainsi que les sommes assurées au décès, sont inscrites sur un livret au nom de l'assuré.

ART. 10.

Les sociétés de secours mutuels approuvées conformément au décret du 26 mars 1852 sont admises à faire des versements collectifs ayant pour effet de leur garantir le payement d'une somme fixe au décès de chacun de leurs membres participants.

ART. 11.

La même faculté peut être accordée pour les groupes de personnes des deux sexes unies par des liens professionnels, dont l'âge moyen pourra être constaté assez exactement pour servir de base au calcul de la prime collective à verser par ces groupes, eu égard à la somme payable à chaque décès.

DEUXIÈME RÉDACTION

Elles sont incessibles et insaisissables jusqu'à concurrence de quinze cents francs (1,500 fr.).

ART. 11.

Il est remis à chaque assuré un livret sur lequel sont inscrits les versements par lui effectués, ainsi que les sommes assurées au décès.

ART. 12.

(Comme ci-contre.)

(Supprimé.)

NOUVELLE RÉDACTION

(Supprimé.)

ART. 5.

Les sociétés de secours mutuels approuvées conformément au décret du 26 mars 1852 sont admises à *contracter des assurances collectives pour assurer suivant l'âge moyen de leurs membres, et au décès de chacun d'eux, une somme fixe qui ne peut excéder mille francs.*

Ces assurances ne sont faites que pour une année.

(Supprimé.)

PREMIÈRE RÉDACTION	DEUXIÈME RÉDACTION	NOUVELLE RÉDACTION
ART. 12. Les assurances collectives ne sont contractées que pour une année; elles sont constatées par des polices d'assurances.	**ART. 13.** (Comme ci-contre.)	(Supprimé.)
ART. 13. Dans les cas prévus par les articles 10 et 11 ci-dessus, le montant de la somme assurée, pour chaque décès à survenir dans l'année, ne peut excéder mille francs.	**ART. 14.** Dans le cas prévu par l'article 12 ci-dessus, le montant de la somme assurée, pour chaque décès à survenir dans l'année, ne peut excéder mille francs.	(Supprimé.)

TITRE III DES ASSURANCES EN CAS D'ACCIDENTS	TITRE III DES ASSURANCES EN CAS D'ACCIDENTS	TITRE II DE LA CAISSE D'ASSURANCES EN CAS D'ACCIDENTS
ART. 14. Les assurances spécifiées au deuxième paragraphe de l'article 1er de la présente loi seront, dans les écritures de la Caisse, l'objet d'une comptabilité spéciale et distincte, et en formeront une annexe, sous le titre de *Caisse des invalides du travail*.	**ART. 15.** Les assurances spécifiées aux deuxième et troisième paragraphes de l'article 1er de la présente loi sont, dans les écritures de la Caisse, l'objet d'une comptabilité spéciale et distincte, et en forment une annexe.	(Supprimé.)
ART. 15. Chaque assuré doit verser une cotisa-	**ART. 16.** L'assurance a lieu par année ; l'assuré	**ART. 6.** *Les assurances en cas d'accidents ont lieu*

PREMIÈRE RÉDACTION	DEUXIÈME RÉDACTION	NOUVELLE RÉDACTION
tion annuelle, dont le taux est à son choix, pour chaque année, de cinq francs ou de trois francs.	verse à son choix et pour chaque année, cinq francs ou trois francs.	par année ; l'assuré verse, à son choix et pour chaque année, cinq francs ou trois francs.
ART. 16. Les administrations publiques, les établissements industriels, les compagnies de chemins de fer peuvent assurer collectivement leurs ouvriers pour les cas d'accidents à survenir dans le cours d'une année, à l'aide d'un versement unique correspondant au nombre de ces ouvriers. La même faculté est ouverte aux sociétés coopératives légalement constituées, pour les membres qui les composent. Le taux de la cotisation doit être le même pour tous les ouvriers employés au même genre de travail. L'assurance collective, pour chaque taux de cotisation, comprendra au moins trente ouvriers.	**ART. 17.** Les administrations publiques, les établissements industriels, les compagnies de chemins de fer peuvent assurer collectivement leurs ouvriers. La police contient la désignation nominale de tous les assurés et l'indication des versements spéciaux à chacun d'eux. Les ouvriers qui cessent d'être employés aux travaux à l'occasion desquels ils sont assurés peuvent être remplacés, sans nouveau versement, sur la liste nominative, par leurs successeurs et en même nombre, au moyen d'une déclaration faite aussitôt après le changement. Il pourra être consenti, pour un nombre variable d'ouvriers, des assurances collectives dont les conditions seront déterminées par un règlement d'administration publique.	(Voir article 12.)
ART. 17. Les ressources de la Caisse des invalides du travail se composent :	**ART. 18.** Les ressources de la Caisse annexe se composent :	**ART. 7.** Les ressources de la Caisse d'assurances *en cas d'accidents* se composent :

PREMIÈRE RÉDACTION	DEUXIÈME RÉDACTION	NOUVELLE RÉDACTION
1° Du montant des cotisations versées par les assurés, comme il est dit ci-dessus ; 2° D'un prélèvement, qui ne pourra excéder un pour cent, sur le montant total des travaux adjugés pour le compte de l'État, des départements et des communes, à l'exception du département de la Seine, qui supportent déjà, en vertu du décret du 8 mars 1855, un prélèvement de un pour cent pour les asiles impériaux de Vincennes et du Vésinet ; 3° Des dons et legs faits à la Caisse et dont l'acceptation aura été régulièrement autorisée. Le prélèvement prescrit par le paragraphe 2 du présent article est limité à un quart pour cent tant que le nombre des assurés ne dépassera pas cent mille ; il sera de demi pour cent lorsque le nombre des assurés sera de cent mille à deux cent mille ; de trois quarts pour cent pour un nombre d'assurés de deux cent mille à trois cent mille, et de un pour cent au-dessus de trois cent mille.	1° Du montant des cotisations versées par les assurés, comme il est dit ci-dessus ; 2° D'un prélèvement, qui ne peut excéder un pour cent, sur le montant des travaux exécutés par l'État et les départements et des subventions accordées aux départements et aux communes par l'État ; 3° Des dons et legs faits à la Caisse et dont l'acceptation a été régulièrement autorisée. Le prélèvement prescrit par le paragraphe 2 du présent article est fixé pour la première année à un demi pour cent. Il est déterminé, pour chaque année, en égard au nombre des assurés, par la commission supérieure dont il sera parlé ci-après.	(Comme ci-contre.) 2° D'un prélèvement de un pour cent sur le montant des travaux exécutés par l'État et les départements et des subventions accordées *par l'État* aux départements et aux communes pour leurs travaux. (Comme ci-contre.) (Supprimé.)
ART. 18. Pour le règlement des rentes viagères	ART. 19. Pour le règlement des rentes viagères	ART. 8. (Comme à l'article 19 ci-contre.)

PREMIÈRE RÉDACTION	DEUXIÈME RÉDACTION	NOUVELLE RÉDACTION
à concéder, les accidents seront distingués en deux classes, savoir : 1° Accidents ayant occasionné la mort ou une incapacité absolue d'un travail quelconque ; 2° Tous autres accidents ayant entraîné une incapacité permanente du travail de la profession. La pension accordée pour les accidents de la seconde classe ne sera que les deux tiers de la pension afférente aux accidents de la première classe.	à concéder, les accidents sont distingués en deux classes : 1° Accidents ayant occasionné une incapacité absolue d'un travail quelconque ; 2° Accidents ayant entraîné une incapacité permanente du travail de la profession. La pension accordée pour les accidents de la seconde classe n'est que la moitié de la pension afférente aux accidents de la première.	
ART. 19. Le capital représentatif de la rente viagère à servir, en cas d'accident de la première classe, se composera : 1° D'une somme égale à trois cent vingt fois le montant de la cotisation versée par l'assuré pour l'année dans laquelle l'accident a lieu ; 2° D'une somme prélevée sur les ressources provenant des travaux publics de l'État, des départements et des communes, qui ne pourra excéder le double de la somme énoncée au paragraphe précédent, et dont le taux proportionnel sera fixé, pour chaque année, par la commission supérieure de la Caisse.	ART. 20. (Comme ci-contre.) (Comme ci-contre.) 2° D'une somme prélevée sur les ressources indiquées aux paragraphes 2 et 3 de l'article 18, et sans qu'elle puisse excéder le double de la somme énoncée au paragraphe précédent, et dont le taux proportionnel est fixé, pour chaque année, par la commission supérieure.	ART. 9. (Comme ci-contre.) (Comme ci-contre.) 2° .... *de l'article 7*, sans ....

5

PREMIÈRE RÉDACTION	DEUXIÈME RÉDACTION	NOUVELLE RÉDACTION
Le capital ainsi obtenu sera versé à la Caisse des retraites, pour servir à la constitution d'une rente viagère avec jouissance immédiate, conformément aux tarifs de cette Caisse.	(Comme ci-contre.)	(Comme ci-contre.)
Dans aucun cas, le montant de la rente à servir ne pourra excéder :		
Pour la cotisation de cinq francs, cinq cents francs (500 fr.) ; pour la cotisation de trois francs, trois cents francs (300 fr.).	(Supprimé.)	(Supprimé.)
	(Supprimé.)	(Supprimé).
Après l'expiration de cinq années à dater de la promulgation de la présente loi, la base d'évaluation énoncée au paragraphe 1er du présent article sera révisée d'après l'expérience fournie par la Caisse elle-même.	(Comme ci-contre.)	(Supprimé.)

— 80 —

ART. 20.

PREMIÈRE RÉDACTION	DEUXIÈME RÉDACTION	NOUVELLE RÉDACTION
ART. 20. Le secours à allouer, en cas de mort de l'assuré, à sa veuve et à ses enfants mineurs, sera égal à trois années de la pension à laquelle il aurait eu droit.	**ART. 21.** Le secours à allouer, en cas de mort de l'assuré, à sa veuve, est égal à deux années de la pension à laquelle il aurait eu droit. L'enfant ou les enfants mineurs reçoivent un secours égal.	**ART. 10.** (Comme à l'article 21 ci-contre.)
ART. 21. Il sera remis à chaque déposant un livret sur lequel seront inscrits les versements par lui effectués chaque année.	**ART. 22.** (Comme ci-contre.)	(Supprimé.)

PREMIÈRE RÉDACTION	DEUXIÈME RÉDACTION	NOUVELLE RÉDACTION
Les assurances collectives sont constatées par des polices d'assurances.		**ART. 11.** Les rentes viagères constituées en vertu de *l'article 8* ci-dessus sont incessibles et insaisissables.
ART. 22. Les rentes viagères constituées en vertu de l'article 19 ci-dessus sont incessibles et insaisissables.	**ART. 23.** (Comme ci-contre.)	**ART. 12.** (Article 17 de la deuxième rédaction.)

Les administrations publiques, les établissements industriels, les compagnies de chemins de fer peuvent assurer collectivement leurs ouvriers.

La police contient la désignation nominale de tous les assurés et l'indication des versements spéciaux à chacun d'eux.

Les ouvriers qui cessent d'être employés aux travaux à l'occasion desquels ils sont assurés peuvent être remplacés, sans nouveau versement, sur la liste nominative, par leurs successeurs et en même nombre, au moyen d'une déclaration faite aussitôt après le changement.

Il pourra être consenti, pour un nombre variable d'ouvriers, des assurances collectives dont les conditions seront déterminées par un règlement d'administration publique.

— 81 —

PREMIÈRE RÉDACTION.	DEUXIÈME RÉDACTION.	NOUVELLE RÉDACTION.
TITRE IV DISPOSITIONS GÉNÉRALES	**TITRE IV** DISPOSITIONS GÉNÉRALES	DISPOSITIONS GÉNÉRALES ART. 13. (Article 2 modifié de la deuxième rédaction.) *Nul ne peut s'assurer s'il n'est âgé de seize ans au moins et de soixante ans au plus.*
ART. 23. Les certificats, actes de notoriété et autres pièces exclusivement relatives à l'exécution de la présente loi seront délivrés gratuitement et dispensés des droits de timbre et d'enregistrement.	**ART. 24.** (Comme ci-contre.)	**ART. 14.** *Les Caisses d'assurances créées par la présente loi sont gérées par la Caisse des dépôts et consignations.* *La commission supérieure, instituée en vertu des lois des 18 juin 1850 et 12 juin 1861, est chargée de l'examen des questions relatives aux deux caisses ci-dessus.* *L'article 11 de la loi du 18 juin 1850 et les articles 12 et 15 de la loi du 12 juin 1861 sont applicables auxdites caisses.* *Les rentes achetées conformément à l'article 12 de la loi du 12 juin 1861 sont inscrites au nom de chacune des Caisses qu'elles concernent.*
ART. 24. La Caisse d'assurances instituée par la présente loi sera gérée par l'Administration de la Caisse des dépôts et consignations dans les mêmes conditions que la Caisse des retraites pour la vieillesse. Les dispositions des lois relatives à cette dernière Caisse, en ce qui concerne le placement et l'emploi des fonds disponibles, sont applicables à la Caisse d'assurances.	**ART. 25.** (Comme ci-contre.)	

PREMIÈRE RÉDACTION.	DEUXIÈME RÉDACTION.	NOUVELLE RÉDACTION.
ART. 25. La commission supérieure instituée conformément aux lois des 19 juin 1850 et 12 juin 1861, pour l'examen des questions relatives à la Caisse des retraites de la vieillesse, sera chargée de l'examen des questions relatives à la Caisse d'assurances. Elle présidera à la révision, s'il y a lieu, conformément à l'article 19 ci-dessus, des bases d'après lesquelles doit être établie la première partie du capital représentatif de la rente viagère à servir aux intéressés; elle fixera la part proportionnelle à prélever sur la dépense des travaux publics, qui entrera dans la composition de la rente viagère, par application du deuxième paragraphe du même article. Elle donnera son avis sur toutes questions de principe que pourra soulever l'application de la présente loi. Elle présentera chaque année à l'Em-	**ART. 26.** (Comme ci-contre.) (Supprimé.) Elle donnera son avis sur toutes les questions de principe que pourra soulever l'application de la présente loi et notamment sur la révision, s'il y a lieu, des bases d'après lesquelles doivent être établies les parties de capital énoncées aux paragraphes 1 et 2 de l'article 20. (Comme ci-contre.)	(Supprimé) (Supprimé) (Supprimé)

PREMIÈRE RÉDACTION.	DEUXIÈME RÉDACTION.	NOUVELLE RÉDACTION.

pereur un rapport sur la situation morale et matérielle de la Caisse, lequel sera communiqué au Corps législatif.

ART. 26.

Des règlements d'administration publique détermineront les mesures nécessaires à l'exécution de la présente loi, et notamment la forme des livrets et des polices d'assurances, soit individuelles, soit collectives, ou pour la constatation des droits des assurés, le mode d'après lequel les versements seront faits, soit directement par les déposants, soit pour leur compte par les associés de secours mutuels ou autres intermédiaires, et le mode suivant lequel seront opérés les prélèvements à faire au profit de la Caisse des invalides du travail sur le montant des travaux de l'État, des départements et des communes.

ART. 27.

(Comme ci-contre.)

(Supprimé.)

IMPRIMERIE L. TOINON ET Cᵉ, A SAINT-GERMAIN.